国学小书书

隋唐演义

[清]

吉林出版集团股份有限公司 | 全国百佳图书出版单位

杨广夺权

周武帝驾崩以后,周宣帝即位。周宣帝昏庸而且生性懦弱。隋公杨坚的实力越来越强,趁机篡夺了皇位,国号仍旧为隋,改年号为开皇。杨坚就是隋文帝,他立长子杨勇为太子,封次子杨广为晋王。

杨广夺权

三

南北朝时期，北周有一个叫杨坚的大臣，是弘农郡华阴人，他的父亲叫杨忠，曾经跟从宇文泰起兵，因为战功显赫，被封为隋公。

杨坚出生前，他的母亲梦见一条苍龙盘在她的肚子上。杨坚生下来后，他的眼睛就像明亮的星星，手上还有一个奇特的文字，仔细看就像"王"字。

杨忠夫妻知道儿子将来一定能够干一番大事业。后来一个老尼姑对杨坚母亲说："这孩子将来贵不可言,但必须离开父母才能长大成人,我愿意代为抚养。"杨坚的母亲听了信以为真,就把他托付给了老尼姑。

这个老尼姑一个人住在尼姑庵中。这天老尼姑外出,就让邻居老妇人来照看杨坚。老妇人刚走进庵里,听到杨坚正在哭闹,赶紧过去抱起来哄。

杨广夺权

七

忽然她看到杨坚的头上长出双角，满身还长出了鳞甲，就像龙的形状，老妇人吓了一跳，叫了一声"怪物！"，失手把杨坚丢在了地下。这时老尼姑回来了，她赶紧把杨坚抱起来，非常惋惜地说："这孩子受了惊下，当皇帝要晚几年了。"

十八年以后，杨坚长大成人，老尼姑就把他送给了杨忠夫妻，没过多久，老尼姑就去世了。后来杨忠也得病死了，皇上下旨命杨坚世袭了他的职位，被称作隋公。

周武帝看到杨坚身材魁梧，长相非同寻常，非常猜忌他，多次派高人给他看相。看相的人知道杨坚以后一定会大富大贵，都为他周旋。

杨坚也知道周武帝已经起了疑心，就把家里一个漂亮的女子送进皇宫做了太子妃，以挽回周武帝对他的信任。

周武帝驾崩以后，太子继承了皇位，史称周宣帝。周宣帝很器重杨坚，每当出去巡游时，总是委派他把守京城。

杨广夺权

周宣帝昏庸而且生性懦弱。此后杨坚的实力越来越强，趁机篡夺了皇位，立国号为隋，改年号为开皇。

杨坚也就是隋文帝，他立独孤氏为皇后，立长子杨勇为太子，封次子杨广为晋王。隋文帝在文臣武将的辅佐下，励精图治，逐渐有了统一天下的想法。

这时，远在江南的陈朝皇帝，也就是陈后主陈叔宝，虽然天资聪慧，却深受当时风气的影响，在当太子的时候，就特别喜爱吟诗作赋。

他当了皇帝后，更是和都官尚书孔范、仆射江总等人混迹一起，不理朝政，日日举行宴会，创作诗文。

杨广夺权

陈后主修建了临春、结绮、望仙三座大阁，布置得富丽堂皇，奢华程度甚至超过了阿房宫。陈后主与宠妃们居住在里面，整天与宫女、文人们喝酒作诗，共享欢乐。

这个消息传到隋朝后，隋文帝便打算攻打陈国。晋王杨广请求由他领兵前行。为什么杨广会主动请战呢？

原来,独孤皇后在生杨广时,蒙眬之中,只见红光满室,腹中一声响,就像雷鸣一般,一条金龙突然从自己身体里飞出来。一开始很小,越飞越大,直飞到半空中,足有十余里远近,张牙舞爪,盘旋不已。

忽然一阵狂风刮起,那条金龙不知怎么竟落在地上,摆动了几下尾巴,缩成一团。再仔细一看,却不是一条金龙,反而像一只很大的老鼠。独孤皇后受了惊吓,猛然醒来,便生下了晋王杨广。

杨广夺权

一九

隋文帝得知皇后梦见金龙摩天，就给晋王取了个小名叫阿摩。独孤皇后说："小名很好！再取一个什么大名呢？"隋文帝说："做君主的必须要英明，就叫杨英吧。"又说："创业虽需英明，守护好这份基业还需宽广，不如叫杨广。"

独孤皇后经常在杨广面前提起生他时的异兆。杨广也不甘心只当一个普通的王爷，因此，他想借这次的机会建立军功、结交大臣，然后夺取太子之位。

于是隋文帝任命晋王杨广为行军兵马大元帅,杨素为副元帅,高颎为长史,李渊为司马。高颎是渤海人,字昭玄,此人足智多谋,善于用兵。李渊是成纪人,字叔德,曾经在龙门一战,射七十二箭,死七十二人。

杨广夺权

一二三

隋文帝又命韩擒虎、贺若弼二人为先锋。这两个人都是杀人不眨眼的魔君,他俩从六合县出兵;杨素从永安出兵,顺流而下。一行带兵总管九十员,雄兵六十万,都听从晋王的指挥。各路兵马同时进发,东连沧海,西接川蜀,旌旗招展,连接千里。

然而,陈国这边尽管军情告急,陈后主却依然声色犬马,整天饮酒作乐。直到隋军已渡江攻到采石,陈后主才派萧摩诃、鲁广达等出兵迎战。

很快,隋军攻入城中,陈后主慌忙跑到后宫,找到张贵妃和孔贵嫔,一手拉一个逃到一口深井旁。陈后主叹气道:"罢了!看来是逃不出去了,还是一起死了吧!"说完,三人一起跳进了井里。此时井中的水已经干了,他们连衣服都没有湿。

隋军四处搜查，一个小太监说看到陈后主跑到井旁不见了，可能投井死了。隋军来到井边，搬起一块石头投入井中，以试井的深浅。陈后主看到一块石头落下，急忙大喊道："不要打我！快把绳子放下来吧，我要上去。"

一个隋兵赶紧把绳子放下去，等了半天，陈后主在井中喊道："你们一定要用力拉，千万别松手。"刚开始两个人拉，拉不动，又过来两个人，还是拉不动。

一个人笑道:"到底是个皇帝,所以骨头很重。"另一个人说:"只不过是一个蠢物罢了。"又过来几个人,一起用力拉,终于拉上来了。原来陈后主用绳子把张贵妃、孔贵嫔一起拴在身上,所以才这么沉重。众人一看都哈哈大笑。

杨广为了讨父王母后的欢心,平时总是伪装成俭朴谦让的样子,既不好美酒也不贪女色。此时他远离京师,听说张贵妃特别美丽,就派高颎的儿子高德弘去索要她。

但是,高颎正色地说:"晋王身为元帅,应当讨伐暴君佞臣,怎么能先想着一个女子呢?"李渊也说:"陈朝的灭亡都是因为这两个女人,不能再让她们祸害隋国。不如杀了她们,断绝晋王的邪念。"于是,高颎毫不留情地杀了张、孔二人。

高德弘害怕晋王怪罪他的父亲，就把责任推到李渊身上，说："我和父亲再三阻拦，李渊都不肯听，还说我们用美人计愚弄您。"杨广大怒道："太可恶了！他一定是也看上两个美人了，心怀嫉妒，才把她们杀害。我一定要为两位美人报仇！"

　　当年四月，隋军胜利回到长安，晋王、杨素、贺若弼、韩擒虎、高颎、李渊等人都被升官赏赐。因为晋王恼恨李渊，不但没有给李渊表功，反而弹劾他，因此他的封赏最少，李渊也不介意。

杨广夺权

三五

此后,晋王的威望越来越高,权力也越来越大,很多奇人异士都投到了他的门下。晋王图谋太子之心也越来越急切了。

杨广深知独孤皇后厌恶太子宠爱小妾、疏远妻子,他便把自己的花心藏起来,假装和妻子萧氏非常恩爱。他假装十分简朴,还不时地给宦官、宫人好处,让宫内人人称赞他。独孤皇后也越来越喜欢他,对太子越来越看不顺眼。

另外,杨广又和足智多谋的寿州刺史宇文述密谋。宇文述收买了太子的亲信姬威,让他随时通报消息。宇文述又贿赂杨约,让他去说服他哥哥杨素支持改立太子。杨素是朝廷中最有威信的大臣。

独孤皇后也暗中给杨素送去金银珠宝,让他办成此事。于是,在宫内举办宴会时,杨素就常称赞晋王贤明孝顺,还让宦官和后宫不停地说太子的坏话。

杨广夺权

三九

隋唐演义 一

四〇

回扬州前,杨广去辞别独孤皇后,他跪在地上,鼻涕一把泪一把地说:"我生性愚蠢,不懂得忌讳,只因常常派人向您问安,太子就说我想要取代他,多次想迫害我。我不知还能不能一直侍奉您!"说完,痛哭失声。

独孤皇后气愤地说:"他专宠出身低贱的云氏,太不像话!我还活着,他就敢这么欺负你,如果我死了,他更会为所欲为!"杨广听后磕头大哭,皇后叫他安心回去,说她自有主意。

再说太子杨勇,他性格厚道、率真,为人耿直倔强,不会处事,喜欢排场。而隋文帝杨坚严于律己,宽以待人,崇尚节俭,反对奢华,所以隋文帝对杨勇很不满意。

常言道,积毁成山,三人成虎。在开皇二十年十月,隋文帝宣召废除杨勇的太子位,贬为平民。反对的大臣元旻、杨孝政被推出午门外斩首示众。

杨广夺权

四三

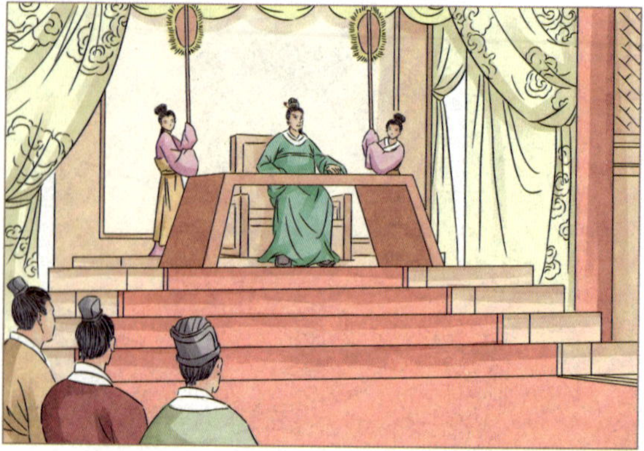

十一月,在杨素的怂恿下,隋文帝终于立晋王为太子。晋王接到圣旨以后,心花怒放,立即上表奏谢,挑了一个好日子和萧妃住进了东宫。杨广表现得十分孝顺,每天都给父王母后问安。隋文帝见他如此,也非常高兴。

独孤皇后死后,隋文帝将朝政交给太子杨广管理,自己专心享乐。

隋文帝年纪大了，忽然有一天受了风寒，竟然卧病不起。之后隋文帝在仁寿宫养病，尚书左仆射杨素、礼部尚书柳述、黄门侍郎元岩三个人住在这里侍奉。杨广则经常入宫问安。

　　一天清晨，杨广入宫，正巧碰见宣华夫人外出更衣，杨广见宣华夫人生得十分秀美俊俏，顿起奸心。他见四下无人，便上去拉住宣华夫人。

杨广夺权

四七

隋唐演义 一

四八

宣华夫人惊恐拒绝，发髻也松散了，逃到隋文帝卧室，被皇上看见，只好如实禀奏。隋文帝听后，大怒道："这样的畜生怎能托付大事，这都是独孤皇后和杨素误我！"随即召来兵部尚书柳述、黄门侍郎元岩，吩咐说："快召我儿杨勇来！"

　　此时，杨广正在宫门口窃听，他一听这话，便知道大事不好，忙找来张衡、宇文述等人商议。这时，杨素听到消息也赶了过来。他们商量好了一条毒计，便分头去办。

宇文述带人把柳述和元岩绑了起来。张衡带着二十几个太监来到隋文帝的寝宫，此时隋文帝已经奄奄一息，宣华、容华二位夫人凄惶无主。张衡让在旁边侍候的人都出去，也请二位夫人回避。

　　杨广和杨素在便殿里等消息，没多久，太监惊慌来报："不好了！万岁爷突然喉中呦呦有声，奴婢等连连呼唤，已不能答应，望千岁爷做主。"

杨广夺权

五一

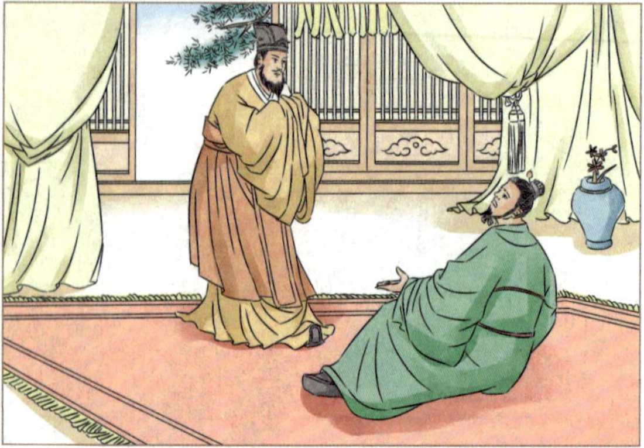

杨广和杨素听了,急忙来到隋文帝的寝宫。他们走到龙床边一看,隋文帝已经驾崩。杨广放声大哭。杨素慌忙拦住,说:"先不要哭,殿下要保重身体,商量国家大事要紧。"

　　杨素到午门对文武官员说:"圣上没什么大病,静养了几天,已经康复。刚才圣上有旨,明天临朝,各位同僚一定要上朝祝贺。"文武百官都信以为真。

第二天，文武百官都穿着吉庆的朝服，捧着贺表，陆续来到朝堂等候，等了半天却不见一点动静。突然，杨素急匆匆走出殿外，高声说道："大行皇帝昨晚已经驾崩，留下遗诏，令太子杨广即皇帝位。"说完，从衣袖中取出诏书。

杨广夺权

五五

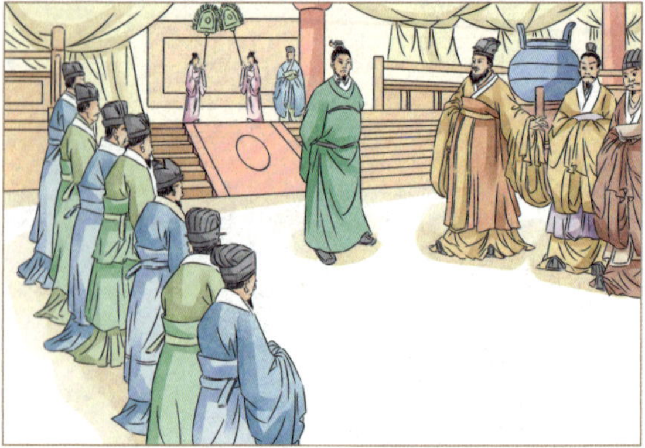

百官听了，都大惊失色。过了一会儿，几个善于溜须拍马的臣子奏道："太子久已正位东宫，德高望重，又有大行皇帝遗诏，自然应当高登大宝，臣等能看到新天子登基，不胜荣幸。"

杨素闻奏，转身说道："既然先帝有诏，又有臣民拥戴，天下不可一日无君，今天就是良辰吉日，请登大宝。"说完，就命令文武大臣给杨广行大礼，杨广也没有推让。

两个太监急忙给杨广穿上龙袍玉带，戴上王冠。杨广因隋文帝死得不明不白，心中有点慌乱，又是第一次穿这样的衣服，看到这么多臣子正注视着自己，心中有点畏惧。

　　当他走到御座前，忽然神情恍惚，手脚慌乱，那御座很高，才跨一只脚上去，想不到旁边一声奏乐把他吓了一跳，那只脚居然没踩到位，身子一晃，差点摔倒。

杨广夺权

五九

六〇

几个太监连忙近前搀住，趁势扶他上去。可是，杨广脚才上去，不知不觉又滑了下来。杨素见这场面不大雅观，只得自己走上去。

杨素虽然年纪大了，毕竟是武将出身，有些力量，他让左右太监走开，伸出一只手，就把杨广轻轻地拉上御座。下面百官惊叹不已，自叹不如。然后杨素走下殿来，率领文武百官朝贺。杨广即位，史称隋炀帝。

隋炀帝杨广在龙座上坐了很长时间，才安定了些。朝贺完毕以后，他说："朕的德行还不够，上奉先帝遗诏，下念臣民拥戴，以后如果有做得不好的地方，还望众位爱卿辅佐。"群臣一同奏道："陛下登基上合天意，下孚众望，臣等一定竭力效命。"

杨广夺权

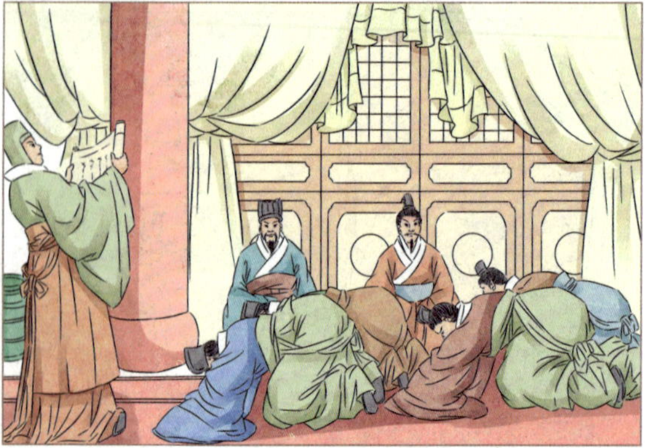

隋炀帝遂传旨册立萧妃为皇后。越国公杨素,晋封上柱国,赐金花一对,彩缎十端,玉带一条。虎贲郎将段达,加升中门使,掌管四方意奏。其余大小官员,都晋升一级。群臣一齐谢恩。隋炀帝又传旨,让宇文述等官员治丧。众官领旨,都照旧例斟酌详明。

散朝后，隋炀帝独留杨素上殿议事。隋炀帝说："今日幸亏老爱卿大力支持，让朕遂了心愿。只是杨勇未除，朕还不能高枕无忧。"杨素说道："这有何难，只需一道敕书就完事了。"随后，杨素在御前写了一道假敕书："赐庶人杨勇死。"

隋炀帝大喜，命令一个心腹太监拿着假敕书去禁宫赐旧太子死。那太监领了敕书，不敢停留，急忙来到禁宫，把旧太子生生逼死，然后回到殿上复命。

杨广夺权

六七

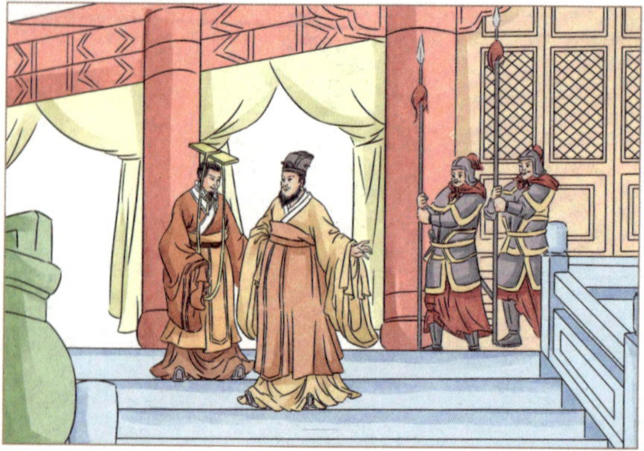

隋炀帝见杨勇已死,满心欢喜地对杨素说:"贤卿为朕又除了一患,真是劳苦功高,此生的富贵,爱卿不必担忧了。"杨素笑道:"臣无心贪图富贵,只是富贵来逼老臣。"说完就起身告辞了。隋炀帝赶紧站起来,一直送到大殿门口,才下令起驾回宫。

秦琼卖马

秦叔宝和樊虎在押送犯人的途中,秦叔宝从宇文述排出的杀手手中救了李渊一家。秦叔宝赶去和樊虎会合后,二人分了行李,各带犯人分别前往潞州、泽州。但是,分行李时,秦叔宝的钱都放到樊虎那儿了,因此,秦叔宝住店吃饭都没钱了,只好坐在路上等樊虎。

秦琼卖马

七一

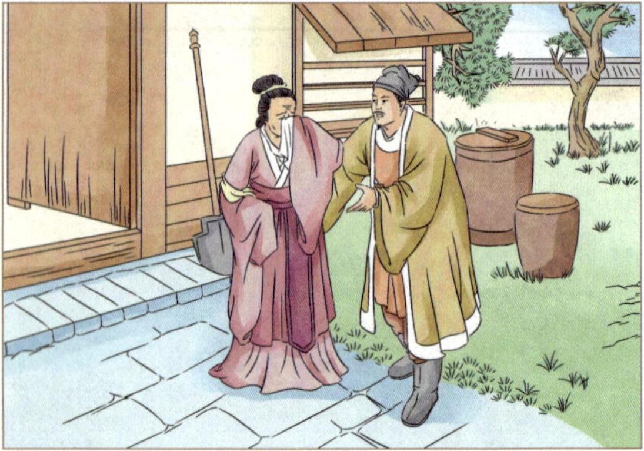

秦琼,字叔宝,乳名太平郎,齐州历城人,他祖父和父亲都曾是北齐大将。他三岁时,父亲阵亡,母亲宁夫人带着他逃到城中民宅定居下来。

秦叔宝长大后,身高一丈,腰宽十围,河目海口,燕颔虎头。他最讨厌读书,只喜欢摆弄枪棍、打抱不平,也不怕死。宁夫人常常哭着对他说:"秦氏三代人,就剩你一个,千万别轻易丢了性命。"

秦叔宝新娶的妻子张氏,带来了很多嫁妆,他便结识朋友,救助他人。当时,秦叔宝结交了樊虎、房彦藻、贾润甫等豪杰。

秦叔宝最让人佩服的独家武艺是舞弄祖传的两条一百三十斤的鎏金熟铜锏,无人能比。

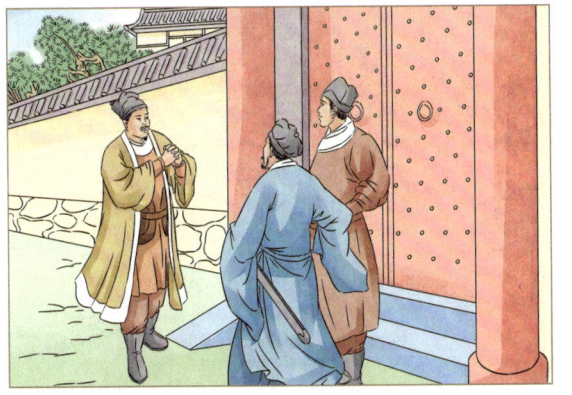

秦琼卖马

七五

隋唐演义 一

七六

一天，樊虎邀请秦叔宝去做缉捕盗贼的都头，秦叔宝不愿受官府支配，一开始不想去，但在宁夫人的劝说下，他和樊虎一起去拜见了齐州刺史刘芳声，两人都被任命为都头。

第二天，樊虎和秦叔宝又到贾润甫家，买了一匹轻快驯良的黄骠马。过了几日，樊虎和秦叔宝分别被派往山西的泽州、潞州押解强盗。在此之前，他们要先去长安兵部提犯人。

且说李渊被任命为太原郡守,他赶忙收拾行李,和怀孕的窦夫人、十六岁的女儿、族弟道宗、长子建成,在四十多个家丁的护送下离开长安。

他们来到人烟稀少、地势险恶的植树岗,走在前面的李道宗和李建成遇上了宇文述派来的假扮强盗的杀手。

秦琼卖马

国学小喵书 **隋唐演义** 一 八〇

李渊听人报信后，带上弓箭、一杆画杆方天戟与二十多个家丁前去解救。这些杀手都是精心挑选的东宫卫士，被命令一定要杀死李渊全家。他们将李渊等人团团围住厮杀起来。激战了两个多小时，李渊等人已处于危急时刻。

正巧此时,秦叔宝和樊虎押送犯人经过这里,看见众多强盗围着类似官兵一样的人,秦叔宝让樊虎带着犯人先下山,自己提着金锏,跨上黄骠马,借着山势冲了下来,大喊道:"响马不要无礼,我来也!"

强盗们见只有他一人骑马过来,也不理他,继续缠着李渊厮杀。直到秦叔宝到了跟前,才有两个人来招架,才一交手就被秦叔宝打落马下。这伙强盗只好丢下李渊等人,来围攻秦叔宝。

秦琼卖马

国学小香书 **隋唐演义** 一 八四

秦叔宝舞动着两条金锏,李渊在空处指挥家丁帮忙,强盗们被杀得东躲西跑,有的逃进了深山,有的躲到林子里。

一个被打落下马的强盗,被家丁抓住,招认是奉宇文述之命来劫杀李渊。李渊派人去请秦叔宝。秦叔宝问:"你家主人是谁?"家丁说:"是唐公李爷。"秦叔宝兜住马,正在踌躇,又一个家丁赶过来说:"壮士快去,咱家爷有重谢!"

秦叔宝听了一个谢字,笑了笑说:"咱也只是路见不平,也不为你家爷,也不图你家谢。"说罢转身骑马,向大道走去。

李渊见家丁请不来壮士,赶紧去追秦叔宝,喊道:"壮士留步,受我李渊一礼。我全家受你救命之恩,你告诉我你的姓名,改日好报答你的恩德!"秦叔宝回过头来说:"李爷不要追了!小人姓秦名琼,字叔宝。"说完快马加鞭,像箭一样离开了。

秦琼卖马

八七

隋唐演义 一

八八

秦叔宝赶去和樊虎会合后,两人分了行李,各带犯人,分路前往潞州、泽州。

秦叔宝来到潞州官府下属的旅店安顿下来,店主王小二十分热情,精心准备好酒饭。第二天,秦叔宝去衙门拜见蔡刺史,移交了犯人。又过了一天,他去领公文,却得知蔡刺史去太原恭贺李渊到任了,要半个多月才回来。他只好回到店里住下。

秦叔宝每天饭量巨大，店主都快赔本了。王小二对妻子柳氏埋怨道："娘子，这个人真是个破财的白虎星。不如你去跟他要些银子。"柳氏特别贤惠能干，劝道："秦爷不是少饭钱的人。等刺史回来，就会还你的账。"

秦琼卖马

九一

九二

过了两天，王小二自己去找秦叔宝要钱。秦叔宝取银子时却发现，分行李时钱都放在樊虎那儿了。他正着急，忽然摸到一包钱，这是母亲让他买潞州绸做寿衣的钱。他只好将这四两银子给了王小二。

又过了两天，蔡刺史回来了。秦叔宝当街跪下禀告，但因为着急拉扯了轿子，刺史大怒，让人重打了他十大板，他被打得鲜血直流。

第二天，秦叔宝忍痛去衙门领公文。因为齐州刺史刘芳声和蔡刺史是同一年考中进士的好朋友，当秦叔宝说自己是刘爷的差人后，蔡刺史赏了他三两银子。

秦叔宝刚回到店里，王小二说他共欠十七两银子。秦叔宝只好把刚拿到手的钱都给了王小二。王小二怕他逃走，就把批文拿走做抵押，又暗示手下人不要给秦叔宝好饭好菜。秦叔宝也没办法，只好出城去等樊虎前来。

秦琼卖马

九五

隋唐演义 一

秦叔宝心想，樊虎再不来的话，自己死了算了，但想到家中老母，只得叹着气又回到店里。这时，他发现一些卖珠宝的客人占了自己的房间，因为他们多给了房钱。

　　王小二说秦叔宝在这儿住这么久，就是自家人一样，不要见怪。秦叔宝哪里忍受过小人的气，只因少了饭钱，只得说："小二哥，有间房给我住就行。"

王小二让秦叔宝住进一间漏风的破屋,屋内只有柴草地铺。秦叔宝正坐在草铺上,忽然听到有人走到门口说:"秦爷不要高声,我是王小二的媳妇。我常劝他不要这样,他却骂我。我丈夫已经睡了,我来给您送晚饭。"

　　秦叔宝落泪道:"你就是淮阴漂母,只恨我秦叔宝将来不能回报千金!"柳氏道:"我怎敢得您的报答? 深秋风高气冷,您的衣服还是夏衣,破了口子。饭盘里有针线,还有我攒的钱给您买点心。"

秦琼卖马

九九

国学小香书 **隋唐演义 一**

一〇〇

秦叔宝开门把饭盘拿进来,里面有针线、三百文钱和一碗滚热的肉汤。秦叔宝实在饿坏了,一口气喝光了肉汤。一觉睡醒,天还没亮,就趁着透进屋内的月光,把衣服缝了缝,披在身上,趁早出来。

秦叔宝买了几个冷馒头、火烧,坐在路上等樊虎。傍晚,几个骑马打猎的人冲过时,秦叔宝把身子一让,一只脚跨进了人家大门,差点踹翻地上的火盆,一个五十多岁的妇人正在烤火。

妇人问秦叔宝怎么弄成这样。秦叔宝说因为朋友没来，盘缠已用光。妇人给他算了一卦，说他朋友会来，但是还早呢。妇人又进去端出一大碗面请秦叔宝吃。秦叔宝吃完了，说要报答，那妇人说："这样的小事，说什么报答！"

　　秦叔宝回到店里，王小二又来要账。秦叔宝想把金锏卖了还钱，王小二却想剥掉上面的金子发财，便劝说秦叔宝不要卖，只是去当掉。于是，秦叔宝跟王小二来到当铺。结果人家说他的兵器是废铜，只能当四五两银子。

秦琼卖马

一〇三

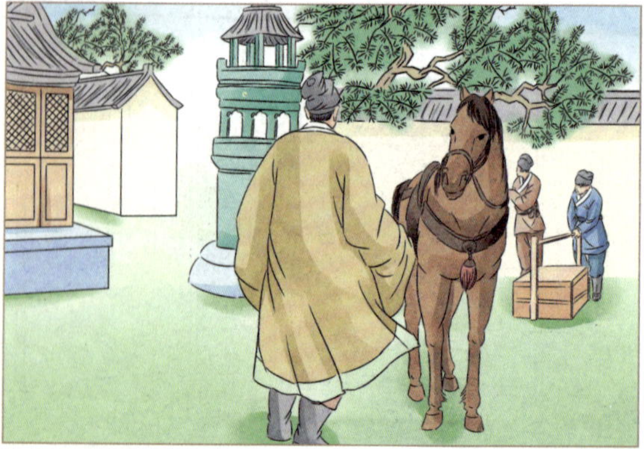

回去后,王小二又逼着秦叔宝再找些值钱的东西去典当。秦叔宝决定明天一大早去马市卖掉黄骠马。第二天清早,秦叔宝发现他的爱马因为没草料吃,已经饿得肚大毛长。这马好像知道要被卖掉,不肯出门。王小二见状,拿起一根门闩,击打在马的后腿上,这才让马挪动脚步。

秦叔宝牵着马在马市里走了几回,也没人问一声。他叹道:"马儿,你在山东捕盗时,何等精壮!怎么今日就这样丧气!不过我也是这样,更何况你!"

天色已亮,有个农夫挑柴来卖。那马饿极了,见了担子上的青叶,一口扑去,将卖柴的老人扑倒。老人起身后听说秦叔宝急着找买主,就告诉他:"这里出西门十五里,有个叫单雄信的,他喜欢结交豪杰,常买好马送朋友。"

秦琼卖马

一〇七

隋唐演义 一 一〇八

秦叔宝如梦初醒，暗暗后悔：我常听朋友说潞州二贤庄单雄信是个豪杰，我怎么到了这里不去拜访他呢？如今弄得鹄面鸠形，岂不是迟了！若不去，过了这村就没这店了。于是，秦叔宝许诺给老人一两银子，请他带路去二贤庄。

他们大约走了十几里，就看到一个大庄园，树木参天，绿水环绕，鸟鸣声声，景色清幽。小桥的那头是许多整齐宏伟的房屋，即便不是名门，也是曾经做过官的人家。

老人过桥进庄，秦叔宝在桥南树下拴好马。等单雄信跟着老人出来看马时，只见他身高一丈，仪表堂堂。秦叔宝再看看自己，穿得破破烂烂。

　　单雄信善识良马，他把衣袖撩起，用左手在马腰中一按。他膂力最狠，那马虽瘦弱，却也一动不动。他又托一托头至尾，长一丈多，从马蹄至鬃，高八尺；遍体黄毛，如金丝细卷，无半点杂色。

秦琼卖马

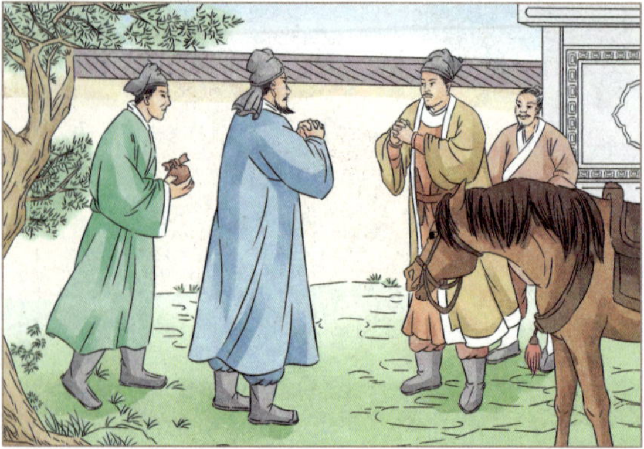

单雄信看完马,让秦叔宝说个价。秦叔宝说:"人贫物贱,给我五十两银子当路费就行。"单雄信说:"这马要五十两银子也不多,只是膘跌多了。若再不好好吃料,这马就废了。看你可怜,我给你三十两银子。"秦叔宝只得说:"您给多少就是多少吧。"

单雄信进庄让手下牵马去喂些好料。他用三十两银子得了千里龙驹，喜笑颜开。秦叔宝想今天得到银子就可以回家看望老母，也很高兴。

单雄信得知秦叔宝是齐州人，便问他是否认识秦叔宝。秦叔宝不好意思说自己就是秦叔宝，便谎称秦叔宝是自己同衙门的朋友，自己姓王。单雄信要他代为向秦叔宝问候，又另外给了他三两银子和二匹绸子。秦叔宝怕露出马脚，答应后便起身告辞。

秦琼卖马

一一五

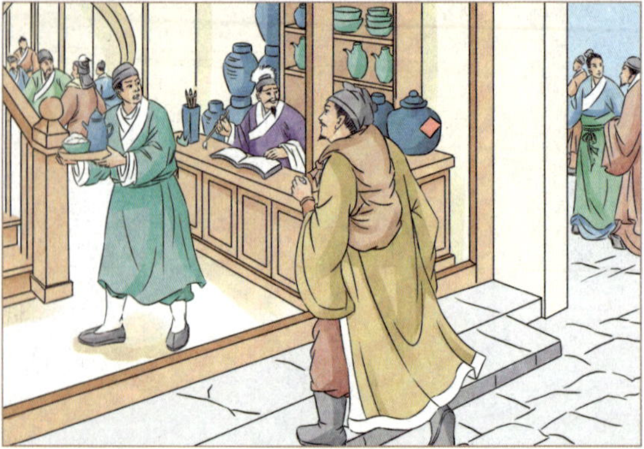

此时，秦叔宝已饥饿万分，就走进一家新开的酒店，酒保见秦叔宝把绸子卷夹在衣服底下，以为他是个道士，就拦住了他。秦叔宝把双手一分，四五个人都跌倒在地。其中一人跳起来，让他先到柜台上称银子。

掌柜是个机灵人,他让秦叔宝先到里面喝酒。秦叔宝走到大厅里,找张桌子坐下。酒保端上来一碗冷牛肉、一碗冻鱼、一碗冷酒。秦叔宝十分气恼,心想:难道我天生该吃这冷东西?恨不得打它个稀巴烂,只是被朋友们知道了又要取笑我。

秦琼卖马

一一九

国学小书 隋唐演义 一 一二〇

秦叔宝正忍气吞声地吃着这些冷东西时，店主引着两位豪杰走进来，他看到走在后面的竟是自己的老朋友王伯当。

正巧王伯当和那个朋友也看到他了，那个朋友说他像是秦叔宝。王伯当说："秦叔宝是人中之龙，怎么会贫寒到这种地步？"秦叔宝见王伯当说不是，又略微安心。

那个朋友又转过身盯着秦叔宝看,吓得秦叔宝不敢抬头,也不敢动筷子。那个朋友说:"他见我们在此,声色不动,天下也没这样喝酒的。我觉得真的很像,等我去瞧瞧,不是就算了。"

秦叔宝只好自己承认了。王伯当慌忙起身,把自己身上的外衣解下来裹在秦叔宝身上,抱头而哭。

秦琼卖马

一二三

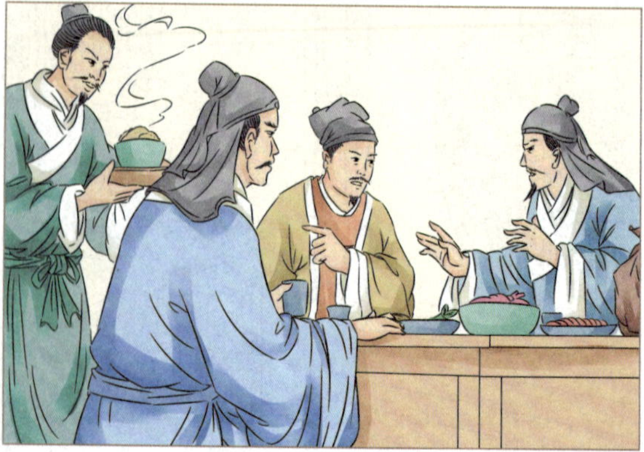

王伯当告诉秦叔宝,和他一起来的这位朋友叫李密,字玄邃,世袭蒲山郡公,家住长安。曾和王伯当同任殿前左亲侍千牛卫。他因为姓李,被圣上忌讳,就辞官了。王伯当因杨素专权,也不干了。

秦叔宝告诉他们卖马给单雄信以及假称姓王的事,要他们代为道歉。王伯当得知秦叔宝住在王小二店中,便说王小二是江湖上有名的王老虎,最为炎凉。秦叔宝看在柳氏的面子上,没有指责王小二的过失。

秦琼卖马

一二七

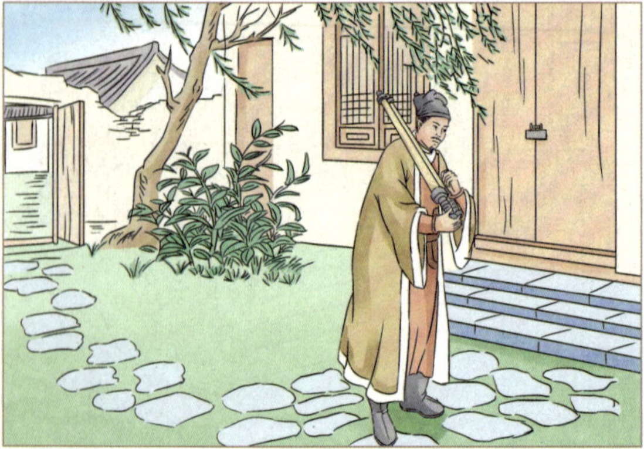

分别后,王、李二人去了二贤庄,秦叔宝仍旧回店。谁知王小二已把门锁了,秦叔宝气得牙关一咬、拳头一举,想了想还是忍住了,喊道:"马卖了,已经有银子了。"

王小二立刻给秦叔宝开门。秦叔宝很慷慨，不算蔡太守的三两银子，又给了小二十七两银子。秦叔宝又对柳氏说："我匆匆起身，不能相谢，将来一定好好酬谢您。"柳氏道："秦爷在这儿款待不周，不怪罪我们，已经是宽容了，哪还敢指望您感谢？"

一三一

国学小香书

隋唐演义

柳氏又问他去哪儿。秦叔宝说:"此时城门还未关,我归心如箭,赶出东门再做打算。"秦叔宝取了批文、行李,往东门走去。

王伯当和李密来到二贤庄后,单雄信才知道前几天自称姓王的卖马人就是秦叔宝。单雄信马上和他俩赶到王小二的店中,可秦叔宝早已离去。

秦叔宝因为吃了冷牛肉,又受了寒,好不容易才走到东岳庙。他摇摇晃晃、头晕目眩地爬上台阶,来到大殿,一下子眩晕,被门槛绊倒在香炉脚下。

东岳庙的观主,名叫魏徵,字玄成,魏州曲城人。他生活贫穷,却喜欢读书,诸子百家、天文地理、诗词歌赋都十分精通。他胸怀大志,喜欢结交英雄豪杰。

秦琼卖马

一三五

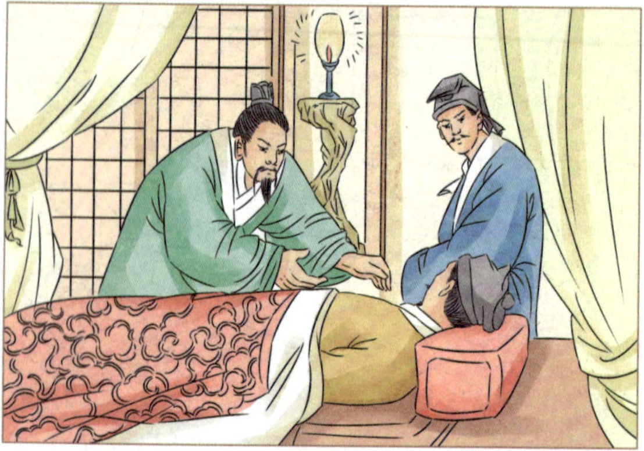

此时,秦叔宝讲不出话来,挣扎着在地上写了"有病"两字。魏徵叫人把秦叔宝扶进一间内室让他睡下,又替他收好公文、潞绸、紫衣、银子等,又煎了药给他吃。秦叔宝出了一身大汗,第二天便能说话了。魏徵不停为他煎药,他的病慢慢好了。

十月十五日,百姓们在东岳庙做法会。单雄信也带着手下来为亡兄做法事。他突然在钟架后面看见一对金锏,众人说是那个生病的汉子背来的。

这时,魏徵走过来说生病的汉子是山东齐州人。单雄信急忙问道:"姓什么?"魏徵说:"那天他跌倒在殿上,病中不能说话,有一张公文上写着名叫秦琼。后来我问清他字叔宝,是北齐功臣的后代。现在就在旁边的屋子住着。"

秦琼卖马

一三九

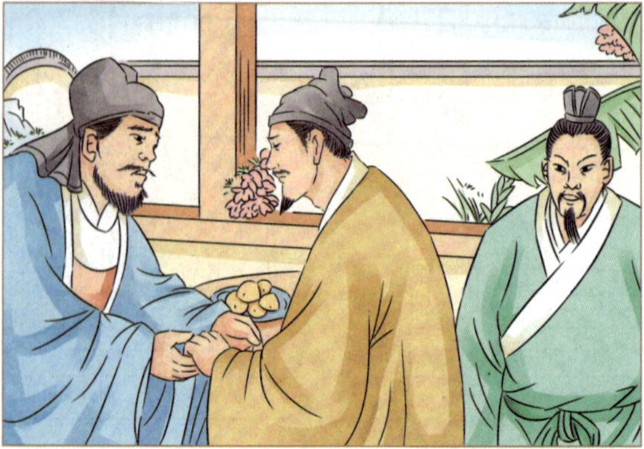

单雄信和魏徵到了旁边的屋子推门进去，屋内没有人，单雄信焦躁道："难道他知道我来，躲到别处去了？"单雄信和魏徵又绕到后边去找。

　　原来秦叔宝身体恢复了，就到后面的小亭子坐着。这时，单雄信找了过来，双手抱住秦叔宝，将身伏倒道："吾兄在潞州受这样的冷落，单雄信没有好好招待朋友，羞见天下豪杰！"秦叔宝连忙跪下，叩拜道："兄长请起，不要弄脏了尊兄贵体。"

魏徵将秦叔宝的物品交还,秦叔宝道谢,同单雄信回到二贤庄。单雄信不断开导秦叔宝,又把魏徵邀请来。自此,魏徵、秦叔宝、单雄信三人成了知己。

一四三

图书在版编目（CIP）数据

隋唐演义．1-6/郭婷编．— 长春：吉林出版集团股份有限公司，2025.2．——（国学小香书）．— ISBN 978-7-5731-6225-0

Ⅰ.I287.8

中国国家版本馆 CIP 数据核字第 2025X3D861 号

GUOXUE XIAO XIANG SHU　SUI TANG YANYI

国学小香书·隋唐演义

著　　者：[清]褚人获	编　　者：郭　婷	插图绘制：高　阳
出版策划：崔文辉	选题策划：赵晓星	
责任编辑：孙骏骅　金宇豪	装帧设计：刘　磊	

出　　　版：吉林出版集团股份有限公司（长春市福祉大路 5788 号，邮政编码：130118）	
发　　　行：吉林出版集团译文图书经营有限公司	
电　　　话：0431-81629909	营销部 0431-81629880/81629881

印　刷：廊坊市伍福印刷有限公司		开本：880mm×1230mm　1/144
印　张：6	字数：120 千字	书号：ISBN 978-7-5731-6225-0
版　次：2025 年 2 月第 1 版	印次：2025 年 2 月第 1 次印刷	定价：99.00 元（全 6 册）

印装错误请与承印厂联系　　电话：010-85569699